U0021794

暴風、葛藤、隼

牡丹社事件

施百俊——編劇
張重金——漫畫
高加馨——審定

推薦序

野牡丹盛開之處，是我的家鄉屏東

——**潘孟安** 屏東縣縣長

我的家鄉是屏東車城，也就是《斯卡羅》中的「柴城」。小時候常常遊玩的海邊，現在矗立著國立海洋生物博物館。荒草中有一塊小小的石碑，上面記載著「明治七年討蕃軍本營地」，依稀聽說是日本人設的紀念碑，一直到我長大成人，才知道此處就是牡丹社事件時，日軍駐紮所在地。猛然醒覺：臺灣、屏東、車城……居然是美日列強都曾插旗之處，西太平洋的樞紐，我們自己卻不怎麼清楚，不是很可惜嗎？

於是，屏東縣政府努力要重現這一段過往，除了支持《斯卡羅》電視劇的拍攝，也做了詳盡的歷史現場調查及規劃報告、建設牡丹故事館、拍攝牡丹社事件紀錄片，還努力與愛丁堡大學協商，試著索回當時族人的頭骨等……此外，另委請縣內知名作家施百俊老師和漫畫家張重金老師聯手，用平易近人的青少年漫畫形式，重新訴說這一段牡丹社事件的精采故事，就是各位手上正在閱讀的《暴風、葛藤、隼：牡丹社事件》。

當你看完書，不妨親自驅車來一趟屏東。在旭海海邊感受一下吹襲琉球漂民的暴風；在四重溪泡泡療養西鄉大將身心的溫泉；在牡丹故事館裡，體驗一下原住民文化。然後走到石門古戰場，溪谷的正中央，前面是遼闊湛藍的大海，兩邊是高聳陡峭的斷崖——

看哪！野牡丹盛開之處，就是我的家鄉屏東。

推薦語

在地支持——

牡丹社事件發生於一八七一～一八七四年，原為兩地住民的衝突，卻因時代因素，演變為數國勢力的介入角力。感謝本校施百俊老師與張重金老師的努力與合作，將牡丹社事件以最簡單易懂的方式呈現給讀者，讓我們在一百五十年後有機會理解在臺灣這塊土地上，曾發生過的一段交織著民族、國家、戰爭與時代下人們努力拚搏的歲月。

——**古源光** 國立屏東大學校長

科普歷史創作者推薦——

本書非常適合與孩子一起閱讀，簡明扼要的說明配上漫畫，將牡丹社事件的前因後果說明得很清楚。

——**Cheap** 知名歷史YouTuber

以角色漫畫幽默、輕鬆、逗趣的方式，帶讀者認識牡丹社事件的歷史背景，日本帝國、琉球王國、清國政府與恆春半島上各族群間的生活面貌。

——**阿墨斯Amos** 南島觀史-福爾摩沙Formosa版主

只要故事說得好，歷史也可以很有梗。這本漫畫將捲入國際角力的臺灣原住民刻劃得栩栩如生，而這場改變臺灣命運的牡丹社事件，更形塑了你我的未來，值得深入了解，在這裡推薦給大家！

——**泥巴Mud** 歷史動畫YouTuber

＊依首字筆畫排序

目錄

附錄

人物介紹

庫留

牡丹社頭目之子，性格血氣方剛，希望被眾人肯定。

阿祿古

牡丹社頭目，不太服氣卓杞篤的約束。在牡丹社事件中，為了阻止日軍進入部落，於石門戰場陣亡。

雅坦

單純的女乃社少女，愛慕庫留。

西鄉從道

西鄉隆盛之弟，牡丹社事件時擔任日本侵臺都督，領兵攻打原住民部落。

卓杞篤

豬勞束社頭目，同時也是瑯嶠十八社的大頭目。羅妹號事件後，與李仙得簽定「南岬之盟」，盡力約束各社善待船難者。

文杰

卓杞篤的養子，日後繼承卓杞篤之名，成為大頭目。

符也冷煙

高士佛社頭目，收留琉球船難漂民，卻因語言文化不通，導致一連串的悲劇發生。

李鴻章

清廷欽差大臣，外交手腕靈活，建立西式海軍北洋水師。

李仙得

美國人，「羅妹號事件」發生後，曾來臺與卓杞篤交涉。熟悉亞洲情勢。

島袋次良、島袋龜

宮古島人，因船難漂流至恆春半島，最後倖存返回琉球。

編輯說明：

本書的史實部分為參考屏東縣政府《牡丹社事件再造歷史場域計畫——學術調查研究暨潛力點串連規劃成果報告》（主辦機關：屏東縣政府，期程：2018/09/01～2021/03/31），再依據牡丹社後裔高加馨老師審定及相關學者之建議所完成。在史觀上盡量融合原住民、漢人的觀點，然畢竟為漫畫藝術創作，故在史實中難免穿插有趣的虛構情節，以熱血又不失輕鬆幽默的形式，重現歷史事件與現場，試圖接近現代觀眾，以達到傳承歷史與臺灣精神之目的，並喚起讀者對「牡丹社事件」的重視與興趣。若本書尚有未盡完善、闕漏不足之處，尚請各界前輩先進不吝指正建議。

第一章
暴風

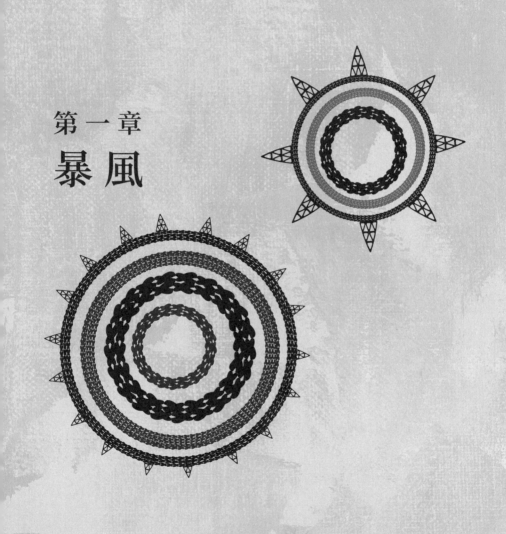

一八七一年十月三十日，宮古島民向琉球王國的朝貢團返航……
啊……我說這海吧！不颳風便罷……
島袋次良
島袋龜
玄安
嘔！
現在颳了一夜的暴風，我快連胃都吐出來了……
我說你啊！小小的風浪都扛不住，
轉
嘔！
現在的年輕人就是嫩！

從琉球回宮古島，怎麼覺得比較遠啊？
去程時只感覺過了幾個時辰，
現在感覺已經過了最少一日，卻連半程也還沒過……
胡說！這季節颳東北季風，去程是逆風，現在回程是順風，哪裡比較遠？
我看你是在首里城花天酒地，以致於身體虛弱吧？
次良，每天我去公務，你們一群出門觀光，都去了哪些地方啊？
頭兒！首里城的繁華，可真是令人大開眼界……
當時……

琉球首里城王宮
站住！幹啥的？
好，我們分兩路，有領王上俸祿者，與我進入朝拜。其他隨行人眾，只能在王宮外朝拜，然後隨仁屋去街上，考察貿易營商之術。
令
進！
萬歲！萬歲！萬萬歲！
大家都是首次入王城吧？就讓各位見識一下琉球王國的繁華之都，隨我走囉！
雖然不好意思，但此處可有美酒？

老爹，這下我們可有得享受了！
何止美酒、美食、美人、美景樣樣不缺！這可是黃金鋪地的神仙鄉大門！
見了便知！
老夫一時之際還無法想像所謂的「神仙鄉」，是什麼樣的地方呦……
觀光
刀

乾！
頭兒！今天白天辛苦了，陛下龍體可好？商談可順利？
你壞壞喔！
摸
陛下聖躬康泰！但畢竟陛下並非神仙，僅是一國之君，
只怕琉球國……唉……
聽起來問題嚴重，北京那邊有啥消息嗎？

北京？北京只是琉球名義上的宗主，天高皇帝遠，根本鞭長莫及。
今天打聽了，清國南邊太平天國剛平息，西邊的回族又起事叛亂，列強步步進逼，哪有餘力管琉球小國？
我們只是遠在瀛海[1]另一端的渺小荒島……
那，就是東京那邊了？薩摩武士自稱隼人[2]，簡直目中無人……
怪不得天皇甫登基便要打擊。
是啊，明治以來，廢藩置縣[3]，只怕以後要叫琉球縣，國王陛下就變成縣長了。我們這些臣子，以後算，庄長？
那宮古島呢？

1. 大海。 2. 隼念ㄓㄨㄣˇ，隼人是剽悍尚武的武士代名詞。古日本時代，薩摩地區男人以此自稱。 3. 廢除封建制度，改立中央集權。

宮古島是邊陲的邊陲，只要年年來繳貢米，不起兵叛亂，誰能管咱們？
你們今天見識了什麼？說來聽聽。
唔……那倒是，公事談到這裡就好。
七嘴八舌
嘰嘰喳喳

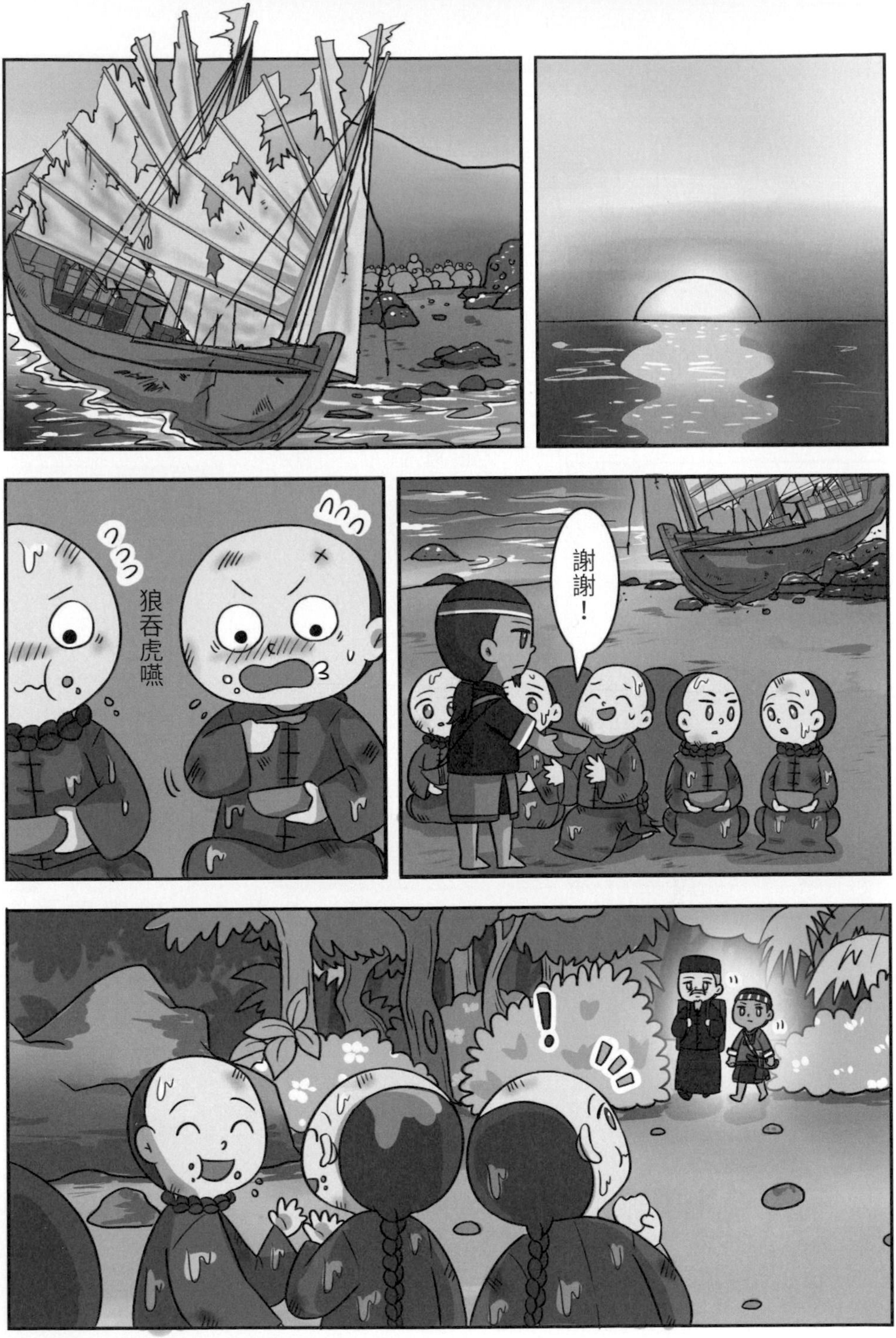
狼吞虎嚥
謝謝！

怎麼這麼久才來？真是！
楊友旺
頭目，你可別說我拖拖拉拉，是這漢人腿力不行，他才是真的拖拖拉拉……
是、是……尊敬的頭目，讓您久等了。
從保力趕來，對不曾如此跋涉的在下來說，真是十分力不從心，花了太多時間，真是對不住……
少囉嗦！別以為我眼沒瞎腦子卻壞了，我知道你們這些漢人不老實……故意浪費我的時間……
這些船難者交給你了，隨你處置。

你們是從哪來的？福建？
我是廣東的客家人，來佳冬開墾，沒想到在海上遇到暴風。
出海沒幾里，就被颳到這裡來了，遇到這群番人，不知道哪時會被吃了也說不準！
小聲點！繼續講客家話。有些福佬話[4]他們聽得懂……
尊敬的頭目，這些人就交給我了，感謝你的照顧。
你們跟我走吧！
起

4：佬有外來者之意，客家人稱福建閩南地區遷徙而來的人為福佬，福佬話即指閩南語。

你這樣就要帶人走？你覺得我們都是愚笨不知道理的野人？
等一下！
您拿這個，去豬勞束社找卓杞篤大頭目，他定有賞賜。
不不……是我不對！
您看看！根據南岬盟約……
我要這個幹什麼？錢……錢呢？

審訂註1：南岬盟約分為口頭約1867年10月10日，文字約為1869年2月28日，卓杞篤及李仙得各執一張記認文書。此處楊友旺手執紙本合約為漫畫效果。

搜！
搜！
嗯！
我只有這些了。
我早說我們自己把他們「處理」就好了！
這些邪惡的漢人，就是不老實。
快走！
還不快走！還想留在這裡欺負人嗎！

李鴻章
美國人李仙得求見。
大人！
最近的外國使者如此眾多，一個比一個聒噪，好不容易耳根清靜，怎麼又來一個？
李仙得又是誰？

他自稱是美利堅大總統委派的，熟悉洋務，堅持要直接面見您，否則恐有不利。
唔……見見也好，傳他進來。
總督大人，您好，我是李仙得，總督大人可能沒聽過我的名字，
可是您的大名如雷貫耳、遠播國際，我國格蘭特總統可是盛讚您是當代偉人……

OK！你北京話說得很好，別亂戴高帽，
請問有何指教？
總督大人的英文也說得很好啊！此番前來，
是通知您，我國已經和貴國領地臺灣，簽訂了南岬之盟。
正式作成文書，特地前來換約……
胡說八道！我國所有對外盟約，都要經過我手，
拍桌
怎麼沒聽過這個什麼南岬之盟？
哦？總督大人居然不知道此事？
年前我國商船擱淺在臺灣最南端，遭番人殺害。

我國還派遣兩艘軍艦前去攻打當地番人……各國報紙皆有刊載……
啊！原來是羅妹號的事，那倒是有印象。
臺灣番界向來不服管轄。你說的盟約，是和何人簽的？內容為何？
是由我本人和頭目卓杞篤多次協商，才終於訂下。
主要是約束當地番人，善待漂流船難者，不得任意殺害。
番人不識文字，當初只有口頭約定，我回國後才作成文書，
送來給總督大人，希望雙方能夠承認遵守，徹底執行。

我說過了，番界不屬大清管轄，你和番人所訂的盟約，和我沒有干係，
自然也就沒有承不承認的問題。
這……總督大人，你這是公然否認國際合約啊，恐怕……
恐怕什麼？這與我大清無關，
你要約束番人，自與番人去說。
請便！你這種國際掮客5，我看多了，
事忙難以理會，送客！
這……
請！
哼！

5：媒介交易，並從中收取傭金的人。

呼
呼
好冷啊！
哈啾！
總之，首里好玩吧？跟著我好好辦事，
有機會再帶你們上東京、上北京，那才叫做上國[6]氣象！
好好……總覺得你到哪都說是上國氣象。
所以我說啊，這船開了一天一夜，到底還要開多久才會到家？

6：附庸國對宗主國的稱呼。

你不會看風向嗎？
現在吹的是東北季風，
家鄉宮古島在西南邊……照這速度，應該快到了！
那前面像是……
頭兒！看見陸地了！

??
才幾天沒回家，怎麼家鄉的山看起來更高更大更美了？
?
嗯？
笨蛋！那不是宮古島啊！
快！快！

那……
那是……？
難怪花那麼多時間還沒回到家……
這紅毛人海圖畫得好奇怪，
會不會啦？我看看！
這像是……Formosa……
看不懂……

摸摸啥？
摸你個鬼，就是臺灣啦！
咚！
唉呦！
這下糟糕，暴風吹拂，偏離航道太多，
到了更西南方的臺灣了……
卸帆！快卸帆！
風太強！不行啊！

7：甪念ㄌㄨˋ，龜仔甪是Kuarut的音譯，常被誤寫為龜仔角。

8：文杰為Garuljigulj的音譯，其母親是卓杞篤的妹妹，父親為客家漢人，父母雙亡後，被卓杞篤大頭目收養。1875年，他協助清廷協調各社、建立恆春城，故清廷賜姓潘。

感謝大頭目！龜仔角剩下的族人會努力重建部落的。
卓杞篤養子
文杰
卓杞篤，牡丹社頭目阿祿古父子來了，說是要來請賞。
裡面太窄小，我們出去外面談。
阿祿古之子
庫留
牡丹社頭目
阿祿古

卓杞篤，我依照您的約定，救助了船難漂流者七個，
這是記認文書……
很好，你有照十八社盟約行事，沒讓我為難。
嘿嘿，卓杞篤，你該不會想這樣就打發我們吧？說好的，救助船難者會有賞賜。
我可是用了族人的食物才能保那些船難者不被餓死啊！
嗯，是有賞賜，
不過，和紅毛人交易得來的黃金，我已經用完了，

……
現在手上沒有錢，你得再等一陣子。
伊厝，你懷裡那是什麼？
憑什麼要拿出來給你看。
不用爭吵，那是我剛才給他的銀元。
你還說你沒有錢！為什麼給龜仔用社，不給我們牡丹社！

年輕人，你想動刀嗎？
阿祿古，他是你的兒子？如果是的話，大人要做小孩的榜樣。
我是庫留，牡丹社頭目的繼承人！
笑死人，那把獵刀上，可還沒有人頭裝飾呢！你成年了嗎？
你！竟敢汙辱牡丹社的勇士，
敢接受我的挑戰嗎？

放肆！在我面前拔刀，想死嗎？
卓杞篤，一句話，你作為十八社大頭目，到底守不守信用？
阿祿古，一句話，我卓杞篤絕對守信用，等下次交易完，
我拿到銀元，一定優先給牡丹社，不會欠你的。
哼！下次是什麼時候？要等到石頭長苔嗎？
我們走！

糟了！
快！快轉向……
那邊有個白沙灘！
蹦蹦蹦！
頭兒！這樣下去會擱淺啊！
得盡可能降低破壞才行啊！

轉舵！快轉舵！
緊張！
不行了！要擱淺了！
啊！
終於得救了……

？
船！漂走了？
這下糟了，所有的補給都在船上……
！
仁屋，你點名，看看有誰沒上岸。
點名……
起！

頭兒！六十六人上岸，
三人溺斃。
跪拜！
南無阿彌陀佛！
倖存的宮古島人，自此踏上了令他們終身難忘的旅途。

第二章
大耳人

雙溪口交易所
?
阿祿古！阿祿古！
是符也冷煙啊！好久不見……
……
!!
咦？你換耳飾了啊！最近生活過得挺好呦？

怎麼樣？很威風吧！
果然是高士佛社頭目的威風！你要下山？現在有什麼貨可以賣嗎？
我去保力，找漢人交易獸皮，社裡也需要銀元來買食糧。
不要找那個楊友旺。
怎麼了？我正是要找他，而且聽說他價錢給的最大方。

上回我在海邊，救助了幾個船難的漢人，交給他，結果他只給我很少錢。我付出的食物，差點就回不來了。
啊！楊友旺交易一向老實，沒想到也會如此。
說起來也不是他的錯。該給賞的是卓杞篤，結果啥也沒給。
如果下次你高士佛社遇到船難者，直接殺了，
至少還有頭顱可以炫耀。
這我可不敢，萬一卓杞篤大頭目發怒，我就倒楣了。

要是我當卓杞篤，我保證一定讓所有部落都有飯吃！
做夢最好，夢裡的姑娘最美，山豬最大……
沒錯，做夢又不花錢，要不要一起來做夢！
不好意思，太陽要入海了。
我趕著下山……再說、再說……

這裡應該是臺灣的東岸，才會看不見夕陽……
也應該很接近最南端。繞過山脈，也許可以到達平地。

比手畫腳……
次良，你應該會說漢語吧？去問問路。
南
北
這個……那個……是……？
喀嚓！
拉耳朵

快回庄報告，有船難人。
頭兒，他們兩個一個說往南，繞過南岬；
一個說往北，就能到漢人管治，有官府的地方。
哇！老爹，我不知道你漢語說得這麼好……
那個豬八戒是什麼意思？
拉耳朵

什麼豬八戒！他們是說，不可以往西走，西邊有大耳人，會砍人頭！
西邊的大耳人，應該是如來佛祖吧？老爹你聽錯了吧。
別胡說！應該是當地土人，那我們就往南走好了。
我可不想被砍頭！
就算是佛祖也不要！

頭兒，這路太難走了，實在沒法再走下去了。
唉呦！
休息一下吧！
次良，你估計還有多遠到南岬？
遠是不遠，應該頂多二三十里，但是，如果往南都是這樣的礁岩小路，只怕走到天黑也到不了。
何況還得繞過南岬，走上一樣的路程，才能到漢人領地。

唔……
再走下去
恐怕有危險。
我們退回去，
再往北走試試看。
後隊如釋重負，
前隊叫苦連天。
無奈地回頭。
又餓又渴……
哇！
是芋頭！
臺灣就連芋頭，
都長得比琉球大啊！

卡滋卡滋！
哇！
癢癢癢……
這有毒，有毒……
快！快用水沖洗！
哪來的水啊，我都好久沒喝水了。
頭兒，龜中毒了。

快！
遠處有一條溪流，快、快上前去！
喝！
喝！
可是……這條河沒船，我們過不去。
得救了……

頭兒，前面不知還有多遠，不能再這樣沒目標地走下去了。
再走下去，恐怕會折損更多人。少了人就少了力，到最後我們會負擔不起苦勞的。
沒辦法了，看來只能往西走……穿過山……是最快能回家的方法……
那，大耳人怎麼辦？
我們就祈禱那真是如來佛祖好了。
謝天謝地。

高士佛社頭目
符也冷煙
祖諾
頭目，前面就是海邊了。
等一下，前面似乎有一群人。

?
不是部落的人……也不像漢人……
你在這裡戒備，我去問問。
喂！
!
!
嘰哩呱啦！
???
?!

大耳人，是大耳人。
不要慌，山石後面有埋伏，讓頭兒去應對。
嘰哩呱啦！比手畫腳！
祖諾！
果然不是漢人，看他們身上都濕了，還有很多負傷……可能是船難者。
頭目，要不要全殺了再搜他們身上有沒有值錢的東西。
他們那麼多人，你有把握嗎？
萬一跑了，又引來鐵船開炮，那就完了。
何況，卓杞篤說救助船難者有賞賜，我們高士佛社都還沒有分到過……這次這麼多人，賞賜肯定很多。

他們只有兩個人，應該沒法同時對付我們這麼多人。
況且，如果有惡意，早就開槍了……
島袋，你是年輕人，盡量傳達我們沒有惡意，只是想找食物和休息的地方。
我？
這個！那個！
比手畫腳
啊哈！那臉定是食物中毒了……
不是邪惡的漢人，就可以放心了。

貼
謝謝！舒服多了，只是肚子餓。
咕嚕咕嚕
他們身上沒武器，又多是老弱，應該沒問題吧？
那先把他們帶回部落，如果沒賞賜，再殺也不遲。
跟我走！

第三章
葛藤

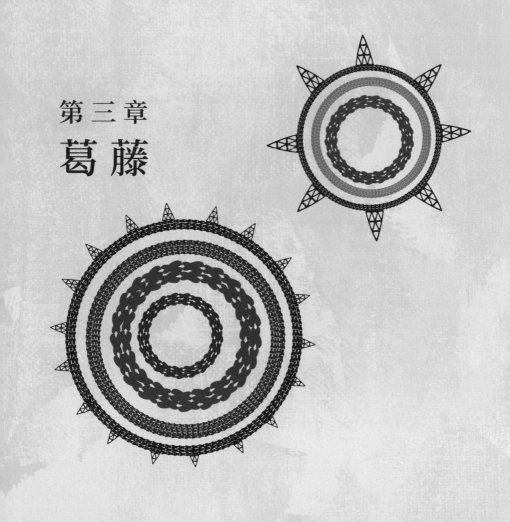

奶奶
女乃社
雅坦
這個叫做「vaudj」葛藤，拿來結索，編籠，做陷阱……都很好用。
不就是牡丹社的名字？
是啊！太陽神的後代沿著溪谷，
如葛藤般延伸繁衍，才有我們今天的牡丹社！

太陽神的後代……
怎麼繁衍？
就是一個男人……
一個女人……
穿
原來我不是爸爸媽媽的孩子，
是這個vaudj的孩子……
等妳再大一點，
紅色的潮水來了，
奶奶再告訴妳。
紅色的……
潮水？

是牡丹社的庫留嗎？
vuvu……好久不見啊！妳們在砍vaudj啊？
是啊！我老了，砍了一早上，才砍了一點點。
啊！若不是我有要事在身，一定留下來幫妳們的忙。
不用客氣，有雅坦幫我。

真是可愛的少女啊。
這位就是您的孫女雅坦嗎？
溪邊的野牡丹很漂亮吧？

除了葛藤，野牡丹也是我們的精神象徵喔！
庫留哥哥，你要去哪裡？
喔，高士佛社發狼煙，應該是有外來人，我要去看看能不能幫忙。若是壞人，說不定還能獵取我人生第一顆神聖的人頭呢！
高士佛社？應該是船難者。
如果是壞人，我就能展威風了！

可……可是……十八社的大頭目卓杞篤不是禁止我們殺害船難者？
交易
誰理他！那是他自己和金髮碧眼的外國人簽的合約，和我們牡丹社沒有關係。
這你得問問你父親阿祿古頭目才行。
我父親也對卓杞篤不滿很久了，好幾次收容漂流來的船難者，他都沒有給我們賞賜，
放心吧！我會看著辦的。
再見了vuvu，再見了雅坦……等我回來喔！

真是英雄少年啊！
雅坦，妳長大一定要和這樣的英雄結婚，
像太陽神一樣，為部落生下更強壯的後代。

西鄉從道
你說這艘是要交貨給清國的？
YES！
看樣子，似乎比我們訂購的還大？
如果是當貨船，當然是越大越好。
你的意思是……這艘不是巡洋艦嗎？

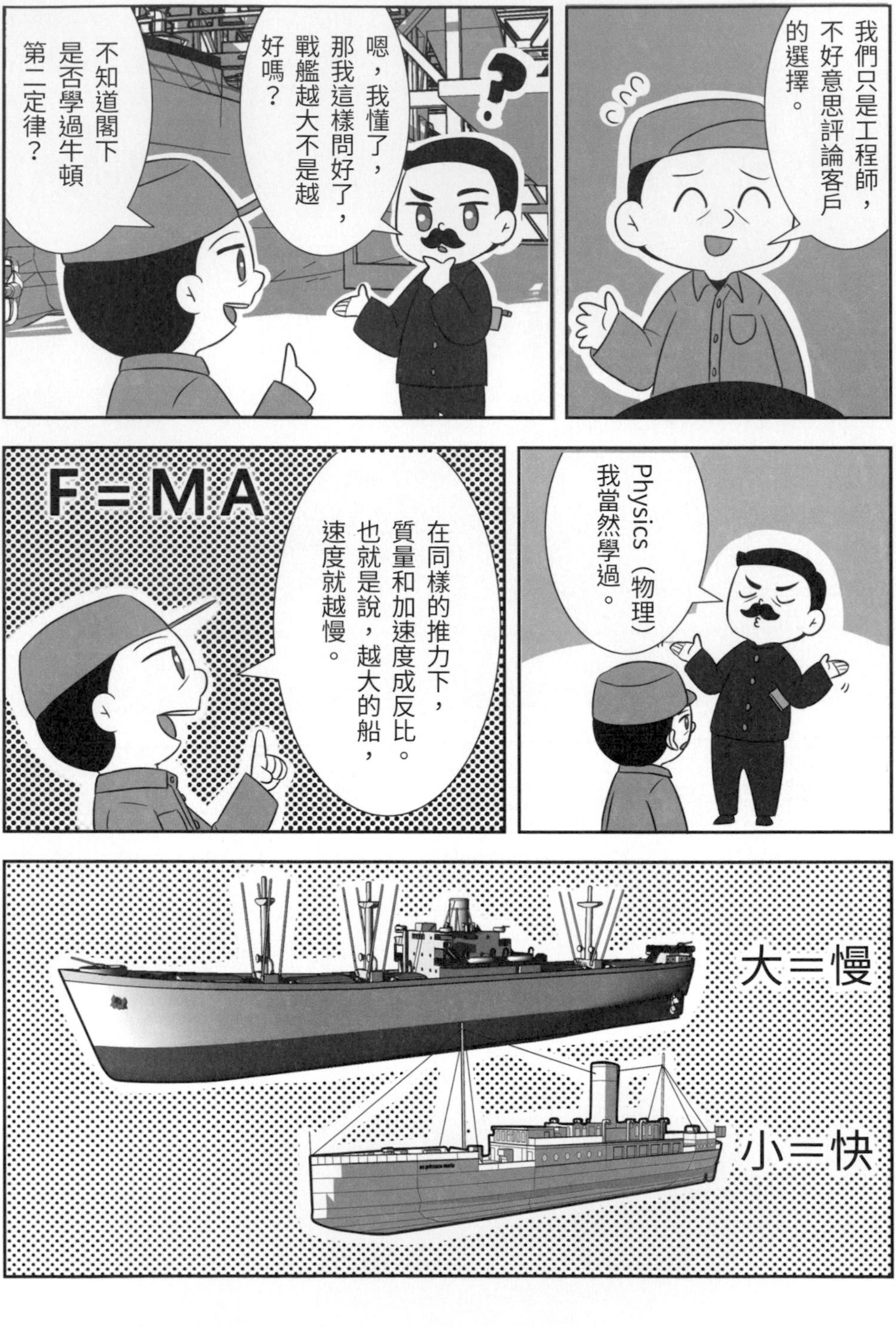
我們只是工程師，不好意思評論客戶的選擇。
嗯，我懂了，那我這樣問好了，戰艦越大不是越好嗎？
不知道閣下是否學過牛頓第二定律？
Physics（物理）我當然學過。
在同樣的推力下，質量和加速度成反比。也就是說，越大的船，速度就越慢。
F = MA
大＝慢
小＝快

哦……我懂了，我讀過貴國擊敗西班牙無敵艦隊的戰史。
噸位越大的船，如果速度越慢，就越吃虧，只能挨打。
就是這個道理，西鄉君你一定能高分畢業。
呵呵！清國想辦洋務，卻全交給幫辦[9]，自己不來學習……真是我大日本之福啊！
哈哈哈……

9：為通曉外文之華人官員，負責辦理洋務。

福建馬尾造船廠
沈葆楨
咦？這個龍骨怎麼有接榫？禁得起風浪嗎？
啟稟大人，這是四百年工法傳承，您放心好了。
當年鄭和下西洋，比這大幾倍的寶船都能遠航非洲，沒問題的。

什麼年代了，還在鄭和下西洋？
你當大清的差、造的是明朝的船，是不是有啥不對？
?
我們向來是這樣造的啊！
朝廷派我來馬尾辦船務，
用意就是不要因循舊制，要與西方看齊。

依我來看，這造法不行，只能拿來當漁船。
那依大人的看法，得怎麼造？
要造能打仗的鐵殼戰船才行……
鐵入水即沉，這道理三歲小孩都懂，我們造不來，請問大人要怎麼造？
得找西洋技師來才行啊。北洋那邊應該有人可用……
!?
?!
大人……

第四章
遭難

高士佛社

……
……

你們不要亂跑！留在這裡，在外面亂跑會被砍頭喔！

老爹，你和大耳人溝通一下，不要砍我們的頭！
頭目交代，他去通知大頭目，我們會保護你們，送你們去安全的地方。
請不要殺我們。
比手畫腳
啊！他們講啥聽不懂。
惴惴不安
……

頭兒，看起來不妙……我們趁他們不注意時逃跑吧？
唔，大家先假裝沒事，
咱先吃點東西。等他們睡著，我們再走。
卡滋卡滋
哈哈哈！

終於能吃飽了！
頭兒，醒了嗎？那些大耳人都去睡了……

唔……沒有月光……我們就趁現在走吧？
一個接著一個，別發出聲音……
島袋，你記得下山的路徑嗎？
這麼黑，四周又都是山林，我認不出……
現在的年輕人……唉算了，多說無益……我們是從東邊上山的，
如果再回去就沒路走了。索性一路向西，沿著溪谷往下走，大家覺得如何？
恐怕也只剩這個辦法了，走吧！

快跟上！

跑了！那些陌生人都跑了！
一定是去告訴別人我們部落的位置。
勇士們，追！
殺！
快追！
砍下他們的人頭！
喀嚓！

哇！
殺！
殺！
殺！
唉唷！
砰！

砍！
……
老爹，砍頭了，大耳人真的砍頭了。
現在不是害怕的時候，跟我來！
往哪兒走？
快！

哇！
阿彌陀佛……
咚咚！

審定註2：會發生此憾事實因琉球人與部落間的文化語言無法溝通所致。當時部落以水與食物款待，將其視為客人，但琉球人無法理解，選擇自行離去，才導致憾事發生。

呼!呼!
來晚了⋯
可惡啊!
搜搜看!
啊!
出來!
輕點兒!

咦？你不是保力的庄長楊友旺嗎？怎麼會在這裡？
我聽說這裡出事了，過來看看。
還有沒有人活著？這些人跟你是不是一夥的？
一定是在高士佛社偷東西才會被殺的吧？
不關我們的事啊，這些人看起來不是漢人。
哼！最好和你沒關係……快走！

逃！
揮手！
你們有誰聽得懂漢語？
感謝義士相救。
我可救不了你們……只能帶你們到官府，能不能得救，就靠你們自己了，
跟我走！

請問義士，那些殺人的大耳人是誰？
剛才那個人，是牡丹社頭目阿祿古的兒子。
牡丹社？
快走！此地不宜久留！

枋寮清軍營寨
Z Z Z
Z Z Z
做啥的？
求見千總。我是保力庄庄長楊友旺……

咱這千總換人了，舊的千總剛走、新的千總還在海上。
不知猴年馬月才到，你要找誰？去去去，不要囉嗦！
那，營裡目前誰作主？
不要問誰作主，都幾個月沒關餉10了，誰作主？
這……我這有十二個琉球人。都是船難漂流者，被番人追殺，前來尋求庇護。
番界又不歸我們管，別來囉嗦！

10：領薪水。

這位兵爺，這十二位琉球人，都是當地官員、富戶，
如果能送他們返家，必定有相當回報。
哦？有意思。
問他們身上有沒有錢。若有，隔幾日，府城有船來補給，順道送走，
我們樂得作順水人情。
有，我們有錢，我們都有錢……
這位善人菩薩，我們身上的確沒錢，
可否跟您相借些許，度過難關，若能倖存返鄉，必定大大的回報。
掏錢

兵爺，這裡有一些銀票……就麻煩你了啊。
濟弱扶傾，本來就是我們的本分。
收錢
何用你吩咐？
來，都進來裡面……
感恩！

宮古島民結束了一生都難忘的旅程後……輪到臺灣即將面臨一場暴風雨。
轟隆！

宮古島漁港
哇！回來了！
哇……
孩子的爹啊！
次郎！
哇……
?
?

對不起，真是對不起大家……頭兒和其他沒回來的同胞……都不幸罹難了。
誰幹的啊，傷天害理啊！
臺灣番人，大耳人。
你一定要去首里，告訴我們的王啊，
為他們報仇雪恨！
嗚……
嗚……

第五章
宛如飛翔

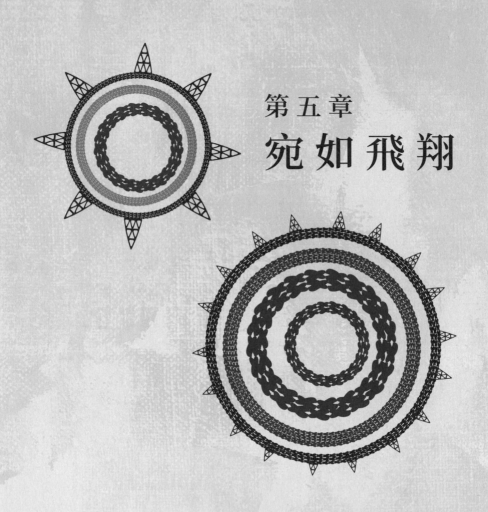

櫻島
西鄉隆盛
saigo sun（西鄉大人）
您還是健步如飛啊！慢點，我可跟不上了！
難道，大山君您當了官，就忘了鍛鍊嗎？
作為武士，要有隨時捨身赴義的準備，不鍛鍊等於白白送死而已！

不敢、不敢……西鄉大人是我薩摩隼人的精神領袖，果然身手如天狗一般的矯健。
大山，隼人「木直」（質樸剛健）。
是。西鄉大人。
你去海外繞了一圈，沾染了不少惡習，別忘了要木直。
你從城下跟著我到這，有啥事？
是這樣的，近日城下士族騷亂，多是打著西鄉大人的名號……
哦？騷亂？什麼騷亂？

有因為農民沒有跪拜就當街砍殺的，也有因要恢復幕府而互相鬥毆的……
數起人命案件，我身為縣令，不能坐視不管。
總覺得大人不可能放任部下胡作非為，故來向大人確認。
呵，那士族的不滿，你知嗎？
我也是士族出身，怎會不知？新政府廢藩置縣、取消了舊士族種種特權，只有像我一樣的少數，能在新政府取得職位，在世間有立足之地……
這種奪家滅族的怨恨，我也能感受到……只是身為維新政府的一員，不能不當責。
你說得頭頭是道，既然你去世界各國見識過，
倒是說說看，要如何處理士族的不滿？難道我們士族只能默默吞受？
我……

西鄉大人，這種層次的事，放眼日本，也只有你能處理了啊！
坐。
大山，你看，隼鷹也得有如此寬闊的海洋才能翱翔啊！
日本是這樣小的國家，怎麼容納得下？
要往外飛，往外飛啊！

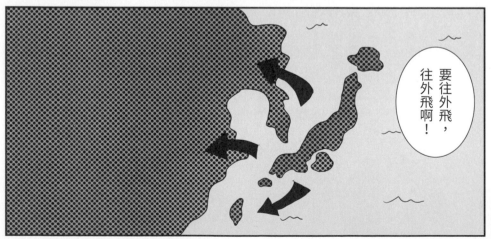

喂喂，請問各位在這等啥？有啥好戲可看！
西鄉大將要進京！來瞻仰他的丰采。
是喔，當年無血開城[11]，我只遠遠看過他一面。

11：德川宗家在無抵抗、不流血的狀況下，將江戶城移交給政府軍，代表政權的和平轉移。

聽說是個身長一丈，腰闊也一丈，眼若銅鈴，聲如洪鐘的巨漢啊！
你說的是弁慶[12]吧？還是平將門？東飛的頭顱回來了嗎[13]？
哈哈哈！

12：弁慶是日本傳說人物，身材高大，為源義經最忠誠的家臣。
13：平將門為日本平安時代桓武天皇的五世孫，舉兵謀反失敗後被斬首。傳說死不瞑目的將門，其首級居然一怒沖天，從京都飛到東京，如今東京鬧區大手町仍存有將門塚。

當初遠遠看不清楚，今天就來瞧仔細。
果然是弁慶，弁慶啊！
啊，這就是創建新日本的偉大人物，如果我會畫圖，一定要畫下來，傳給子孫。
笨蛋！後面街上就有西洋寫真館，明治群雄裡，你要西鄉、龍馬、
還是大久保、勝海舟……統統找得到，幹嘛畫圖？

還是浮世繪比較有味道……
不過，
你們知道這次西鄉大將進京，又要幹驚天動地的大事嗎？
什麼大事？
征伐朝鮮，取得清國萬里江山啊！
什麼！這是有如豐太閤[14]的偉業啊！

14：豐臣秀吉。

不過，聽說大久保利通不同意。
他是嫉妒西鄉大將吧……
平平是薩摩人，器量差這麼多！
薩摩的武士，在島津[15]之後便失去了那宏大的銳氣，
七嘴八舌
……

15：島津氏為薩摩藩的藩主，廢藩置縣後，不再當政。

日本天皇
和豐太閣一樣，大軍在九州集結，
過對馬海峽，分軍三路，
直接攻打朝鮮。
大久保利通
三百年前豐太閣之所以失敗的原因，西鄉君可知？
三百年前船運困難，物資轉運不利，今日我日本海軍已經有蒸汽鐵殼船，實力不可同日而語。

朝鮮不足畏，我們需要擔心的是清國……
你是說，李鴻章正在籌建的北洋海軍？他們連經費都還沒有籌足呢！
再說，根據西鄉從道在歐洲傳回來的消息，清國向英吉利訂購的戰艦，最快還要兩年才能交船……
這時戰力空虛，正是攻打的好時機。
若能迅速取得朝鮮，陸路由關東進軍，海路將戰艦逼近大沽口，就像當年美利堅的黑船開進江戶灣一樣，
一下就能攻下北京了。

我薩摩隼人勇往直前，有萬一就破萬一！
這……那是一切順利的話。西鄉君，你都不考慮一下萬一？
嘰哩呱啦……
我還是覺得不安心。
附議！
附議！

橫濱港口
嘩！
嘩！
USS KANSAS
……
跳！
李先生！

首相大人，您親自前來迎接，這怎麼好意思。
一定要的、一定要的。我可是迫不及待想見到您啊……
來，我們上車再說。
謝謝！
喀啦喀啦……

沒想到首相大人這麼客氣，在下真是受寵若驚。
您是世界第一的亞洲通，好不容易請到您來，當然要親自接待啊，還望您不嫌簡陋。
No Wonder…日本能崛起得如此之快啊！
這次干擾您的公務行程，是有些問題想請教。
不過，還請您千萬保密。
在國際外交場域，這是基本要求。
您請說。

敝國的西鄉大將，您可熟識？
久仰，未有機會拜見。倒是曾經在歐洲，見過其弟西鄉從道先生一面。
嗯，最近西鄉君在內閣提出「征韓論」，造成頗多議論，想請教先生的看法。
察言觀色
嗯！
想必您是不同意囉？
是的！
日本小國，才維新四年，貿然出征，必有風險！

正是此論。不瞞您說，前年我才在朝鮮、清國走了一遍，
朝鮮雖然弱小，但民氣甚堅，不可輕敵。而背後的清國，依他們的說法，餓死的駱駝比馬大。
哈哈哈，有趣的比喻。但是，維新以後，國內士族無用武之地，不滿聲浪日漸升高，總也得幫他們找個出處。
而且，日本諸島欠缺資源，向外擴張領土也是必要，不知先生看法如何？
呃……這個我就不好說什麼了，畢竟……我是美國人嘛。
!
不過，之前美國曾攻打一座名為臺灣的小島，不知您可聽說？

是在琉球更南邊嗎？這件事好像有印象。
戰後是我去談判的，倒是可以分享給您一些攻打外國的經驗。
到旅店還有一段車程，您請慢慢說，我洗耳恭聽。

位處九州最南端的薩摩人，也是日本的原住民族，由於生性尚武英勇，自稱為「隼人」。
隼是一隻兇猛的掠食性鳥類，飛行時速可達三百公里。尋常弓箭、槍彈是打不中的。
薩摩武術中最出名的是「示現流」劍法，揮舞大刀直上直下，絕無花俏。練習時以砍榻榻米，模擬將人一刀砍成兩段的感覺，最是凶狠霸道，符合隼人的性格。
喝！
琉球王宮
薩摩藩派駐琉球官員——伊地知貞馨

……以上，就是我來琉球王國施政改革的重點，諸君聽清楚了嗎？
讓我進去！
哇！
大人……我們宮古島朝貢的船隊，全在臺灣被番人殺了！
嗚嗚……
!?
什麼？
您要幫我們作主啊！
這事態嚴重，我得趕快回報鹿兒島才行！

鹿兒島縣令——大山綱良
你說，臺灣的番人殺了宮古島的船隊？
是的，去年的朝貢船隊。全員六十九名，三人溺斃，被殺的五十四名，只有十二名倖存。
琉球是我薩摩藩……不，鹿兒島縣的屬地，

番人這麼大膽，竟敢殺害日本國民！
這事一定要讓西鄉大將知道！
不是應該回報內閣？
內閣大？還是西鄉大將大？你搞不清楚狀況？
如果他覺得有需要，自然會提出朝議16。
是！

16：在朝廷商議國事。

明治維新以來，我大日本國國勢強盛，
應該效法太閤豐臣秀吉的志業，先取朝鮮借道，然後併吞清國……
我薩摩隼人願意打先鋒！
……
明治天皇
……
起

西鄉君，此舉太過冒險。維新以來不過五六年，國家還沒穩定就想出征，未免……
何況，朝鮮背後還有巨大的清國，只怕……會遭到太閤殿下一樣的下場。
哼！
對！
嗯！
你是說，我薩摩隼人打不下朝鮮？
不不，我也是隼人啊！
薩摩有全日本最精銳的部隊，不清楚清國的實力，折損在朝鮮，就太不值得了。

那你說該怎麼樣？自維新以後，那些士族（武士）們被剝削了封地，和那些低賤的農民平等，又沒仗可打，
簡直被當作沒用的人，不滿天皇陛下的聲音越來越大，
拔刀
你都沒聽見嗎？
清國，根本是「東亞病夫」，怕他做啥？
ㄟ……最近不是有琉球藩民在臺灣遇害的事情嗎？
不如，就藉這個機會探探清國的實力如何？

如果可以，我們就打！
這還像句人話。大久保，你負責跟清國談判，
收刀
我派樺山資紀親自去臺灣探查。
到底誰是首相？
這兩個隼人對幹，鐵定會出大事……

一八七二年，內閣派出
樺山資紀（後成為臺灣總督）
前往臺灣偵查，
民間傳說他曾扮為小販、
行腳僧等，
留下許多逸聞。
由於內閣人事傾軋[17]，
大西鄉失勢離京回鄉。
創立私學校，更加對中央
政府忿忿不平。

17：互相排擠、毀謗。

此時，西鄉從道（隆盛之弟）甫自歐洲留學歸來……
喝！
喝！
道同，以義相聚合
兄長大人！明治政府是你帶著薩摩隼人打下的江山，現在居然讓你下野！
西鄉從道
弟兄們不服！
唔……武士本來就該效忠天皇陛下，此言有違武士道啊，不得再言。
樺山資紀
樺山君，你去臺灣偵查的結果如何？
招手
找

報告大將！
這是我的調查報告。
臺灣最南端的瑯嶠（今恆春）
一帶，的確不服清國的管轄，
屬於番人的勢力。
幾年前，美利堅
曾經派軍艦攻打過
當地的番社，也曾
和名為「卓杞篤」的
大頭目約定「南岬
之盟」。
有趣……
美國人也打過……
當初是誰與番人訂盟？
一個名叫「李仙得」的
美國人，他常在內閣出入，
也曾出使清國，是隻熟悉
亞洲情勢的老狐狸。

這人的確是能從石頭中榨出油水的厲害人物。這次內閣派他出使清國，責問清國，為何殺害我國琉球藩民？
結果清國回覆：「番界乃化外之民，任憑處置」。
於是他向內閣提出「番地無主論」，大久保那邊正考慮征臺。
清國正經歷太平天國之亂，西邊的新疆又有回變，國力衰頹、列強欺凌，早就是東亞病夫。
此時清國尚自顧不暇，哪有時間管到東南沿海的小島？呵呵。

太平天國
維吾爾族叛變
兄長不出門，也能知天下事。比我這去過歐洲的小弟強多了。慚愧。
好極了，既然清國說任憑處置，那就趁這個機會，讓弟兄們活動活動筋骨。
通知大久保，我們決定出兵臺灣！
看看咱薩摩人的能力！
耶！
拿下臺灣！

第六章
病篤

一八七四年初，瑯嶠十八番社的大頭目卓杞篤病危，
身邊只有養子文杰。
父親，來，這是漢人的祕方，喝下去就會好了。
文杰，我的身體我自己知道，日子不多了……
父親，別擔心這個，你身體很快就會好了。
上次和你交易的那個漢人，他說殺害琉球漂民的事怎麼樣了？

他叫楊友旺，是保力庄的庄長。他說，日本國好像非常生氣，要出兵攻打我們。
咳
上次好不容易才和李仙得簽訂合約，說好不可以殺害船難者……
怎麼又搞成這樣……
咳
我們錯在先，等你病好點，我親自去琉球道歉好了。
我病不會好了，趁我還有一口氣，你趕快召集十八社的頭目，一起來開部落會議，我有話要交代……
嘰嘰喳喳

各位尊敬的頭目，還記得約定好的「南岬之盟」嗎？
卓杞篤，
那是你自己和紅毛人約定的，說好只要善待船難者就有賞賜，賞賜在哪？
對啊！

阿祿古，你是這樣和大頭目說話的嗎？
我們族人最重視約定，如同祖靈大山，萬年也不能改變。大頭目不遵守承諾，就不配為大頭目！
咳
阿祿古，抱歉，這幾年我身體不好，你也看到了。上次和紅毛人打仗，各社損失慘重，也是由我來重建……你說的賞賜的確不夠……但是，我也盡力了……
是啊！我也想辦法將各社生產的東西和漢人交易，想辦法多賺點錢，這你們也看到了。
你又是什麼人？憑什麼在頭目會議上說話？
他是文杰，是要繼承「卓杞篤」名號的人……
憑什麼？他又不是你的親生兒子，用漢名算什麼？

庫留，你也不是頭目，憑什麼說話？阿祿古，你兒子不懂規矩嗎？
最起碼他是我的親生兒子。那個文杰是「混生」，可以繼承頭目嗎？
文杰，部落的規矩，最強的勇士才能說話，我們兩個來比一比吧！
我只知道只要卓杞篤還活著一天，就是十八社大頭目。
誰有意見，就是和我龜仔甪社為敵。
庫留，你的佩刀上有馘首[18]後的紀念物嗎？算什麼勇士？

18：馘念ㄍㄨㄛˊ，指獵殺敵人後割下頭部以表戰功。

呦呵！
苗頭不對！
少年人亂說話，就像海風亂吹，可以當真嗎？
各位頭目，不要生氣，我立刻趕他走！
唉喲！
哪邊涼快哪邊去！
踢
??
伊厝，謝謝你，以後小卓杞篤有什麼事，還請你多幫他。
各位，請聽我說，南岬之盟是部落存續的根本，一定要遵守……

可惡！可惡！
砍！砍！
庫留哥哥，你怎麼在這裡？
妳……妳是？
我是女乃社的雅坦，你忘了嗎？
妳……妳怎麼長這麼大了！

我……我早已經不是小女孩了啦……
喔……我明白了，vuvu有教妳怎麼作一個女人嗎？
嗯！
我要妳當我的新娘子！雅坦！
我願意！

第七章
西鄉暴走

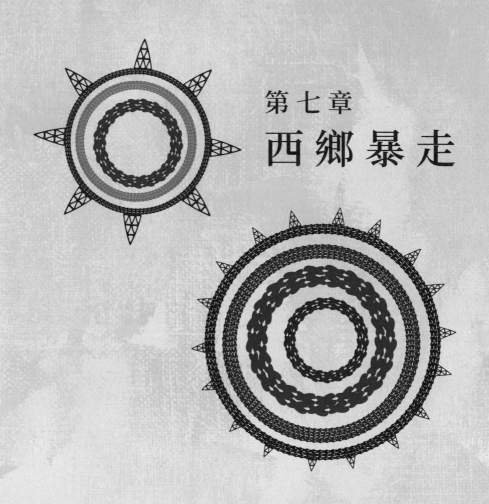

多管閒事！
別理他們！
英美等國獲知消息，輿論轉向，都不贊同日本出兵，
有如外國政府，突然出兵三千到北海道懲戒番民……
大久保，你有何看法？
的確有點像……英美各國的使節，也都來反映這次的征臺決議不當。

你應該知道該怎麼做吧？
是、是，我立刻通知長崎的西鄉都督停止出兵！
西鄉？不是回去鹿兒島了？
是小西鄉，西鄉從道，這次征臺的都督。
他是見過世界的人，應該知道輕重吧。

長崎碼頭，士兵正賣力搬運著軍需物資上船。
西鄉從道
不好了！
谷干城
內閣下令停止出兵！
什麼！開什麼玩笑！
都督，怎麼辦？兵兒們都已經準備好了……

嗯！當作我沒看過這封電報。
快，命令高砂丸立刻出航！
將在外，君命有所不受，你有聽過嗎？內閣要是質問，就說我已經出兵，來不及通知了……
果然是都督！我立刻去通知高砂丸……
要開往哪裡？
笨蛋！哪裡都好！廈門好了，就開往廈門……你們在長崎，隨時等我的命令出發！
谷干城、赤松則良等帶著一千人自長崎出發征臺。

高砂丸
歷經四晝夜的航行，
先遣隊於五月六日抵臺，
在柴城附近的
社寮[19]登陸，
就是如今的
海洋生物博物館。

19：今車城射寮灣。

枋寮千總郭占鰲
不好了，千總！
社寮灣附近，有大軍在那裡紮營。
什麼？有多少人？
幾千人到幾萬人吧！
叫你們守備海灣，怎麼會被人登陸都不知道？

昨天不是和千總一起打麻將……
胡說！馬上和我去探查！快，牽我的馬來！
報告千總，臺灣沒有馬。
阿娘喂！這可不是開玩笑啊！
快回報府城！

福建船政大臣沈葆楨
電報
那幾艘日本鐵殼船，不是還泊在廈門灣？
是的，大人，日本將軍西鄉從道帶幾千士兵，配備大砲，
這幾天都泊在廈門，採買物資、補充軍需，看來就是打算征伐臺灣的船隊吧！

唉，我堂堂大清國隨意讓外國大軍泊在港內，如入無人之境，
我身為船政大臣，實在有愧於心。
朝廷命大人前往赴臺，相機籌辦[20]……
大人打算何時出發？
越快越好，得趕在日本人之前到才行啊！

20：觀察時機計劃辦理。

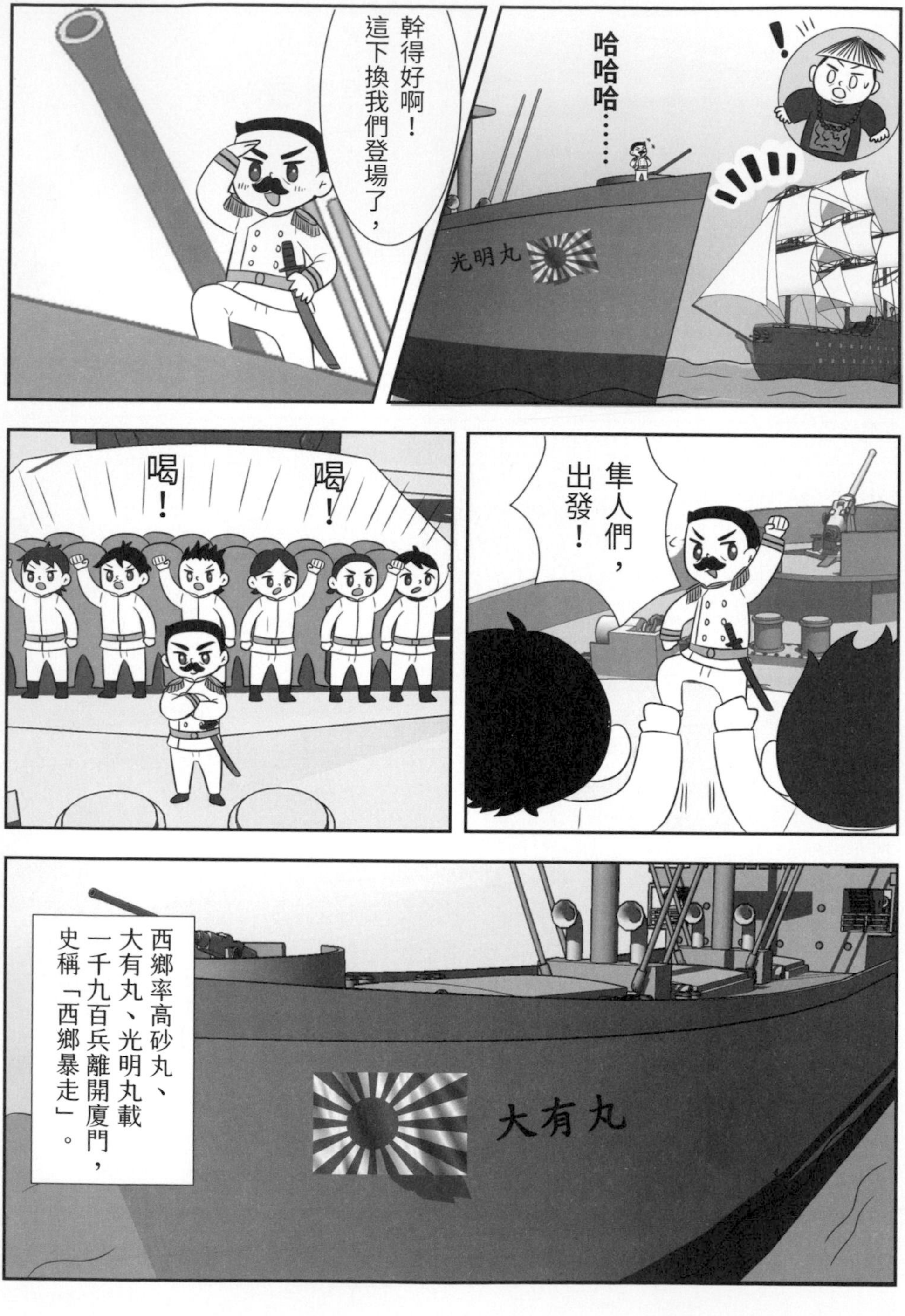
哈哈哈……
幹得好啊！
這下換我們登場了，
隼人們，
出發！
喝！
喝！
西郷率高砂丸、大有丸、光明丸載一千九百兵離開廈門，史稱「西郷暴走」。
光明丸
大有丸

嘔！
嘔！
嘔！
暈
暈
嘔！
暈
這風浪可
真是厲害啊……
到底到了沒？

臺灣海邊到處都是山啊，要怎麼辨識啊！
根據樺山大人的調查，要看到一座突入海中的孤山，那就到了。
孤山，到了！
哈哈哈，臺灣咱來了！
高砂丸
現今登陸紀念碑，位於車城射寮的海生館內。

第八章
石門相逢

這個!那個!
就這麼說定了!
可惡啊!看我給他們好看。
砰砰!
哇!

誰？是誰開槍？
溜！
看樣子好像是牡丹社的庫留。
牡丹社？
瑯嶠附近有十八社，大頭目是卓杞篤，剛剛過世。他的兒子小卓杞篤繼位，牡丹社的頭目阿祿古他們不服氣……
你說這麼多社我分不清楚，只要告訴我，到底是誰殺了我琉球藩民。
應該是高士佛社他們幹的。

什麼什麼？怎麼又多一個社？我搞糊塗了，不也是番人嗎？
總之，都是沿著那條四重溪上去的部落，牡丹社的頭目叫做阿祿古，最不願遵守卓杞篤的約束。
我記下來了，會稟告西鄉大將。我們這趟來只要懲罰殺人兇手，不會濫殺無辜……
如果你們不願意和皇軍作對，就請那個大頭目趕快下山投降！
翻譯
跳！

嘩啦嘩啦！
下雨了！快！
快派出哨探，去尋找高處，適合紮營的地方！
快！
北川伍長帶著四人小隊，來到兩山（虱母山[21]和五重溪山）對峙的峽谷。

21：今石門山。

在這裡！
別著急，等他們走進谷中，從後面包圍起來，全部殺掉！
砰！
砰！
啊！
殺！
哇！

可惜啊，讓他逃了，一定是回去通風報信。
父親，這可是我第一顆頭顱啊！
你都幾歲了才獵到第一顆頭顱……想當年我十三歲……
呦吼！我這是大將軍的頭顱，最棒的頭顱！

最棒，最棒，你最棒……
這是通往牡丹社的必經通道，看起來在這伏擊不錯，
我們就守在這，等日本兵來送死。
隼

日軍將大本營遷移至龜山下
嘩啦嘩啦……
嗚嗚……
北川、北川伍長他……被番人取走首級了……
可惡啊！弟兄們，馬上跟我…
且慢！番人人數有多少？
大概二、三十人。
看這天氣，大雨很快就停了。我撥兩百五十人給你，你去把北川的首級帶回來，還要他們十倍奉還！

石門
大家千萬別大意！
這些愚蠢的日本軍，居然還敢來！
勇士們！跟著我，殺啊！

開火！
FIRE!
砰砰！
砰砰！
殺啊！
父親……
啊！
那是北川的頭顱嗎？停火！
你們這些懦弱的禽獸，敢不敢來和我決一死戰？

隼人們……
誰願意為我展示
示現流的刀法？
我來！
受死吧！
看刀！
跳

庫留！
殺！
好刀法！示現流名不虛傳。
快跑！庫留死了！
樹林茂密，大家別追了！

我們地形不熟，別追擊……帶回北川，好好的安葬。
是！
可惡啊！
把他們給我找出來！

阿祿古衝下河灘去送死，我們絕對不可以下去。
找高處埋伏！
可惡啊！根本看不到對手，只有挨打的份。
砰！
……
這樣下去不行，傷兵太多……
要想辦法突破，隼人們，有誰敢死嗎？像忍者般攀爬峭壁上去！

爬
嗨！
啊！
殺！

走！撤退……快走！
砰！
砰！
砰！
砰！
砰！
砰！
終於贏了啊！

第九章

三路進軍

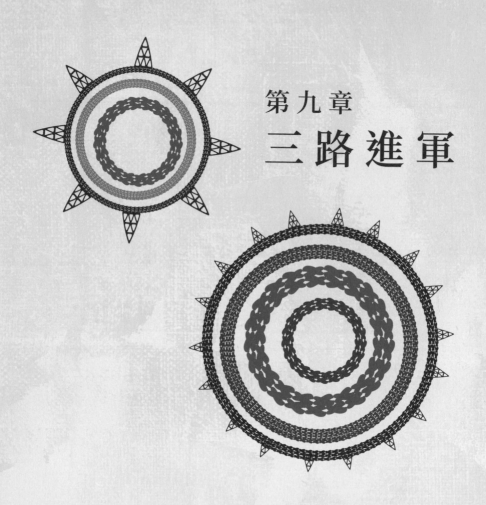

嗚……
嗚……
嗚……
庫留……

vuvu……那、那是庫留嗎？
是啊，不要怕，他只是回歸祖靈而已。
可……可是……
摸肚子
難、難道妳……這次月圓，妳的紅潮有來嗎？
嗯！
可惜啊！庫留沒有留下子孫。

一八七四年五月二十九日
清廷任命沈葆楨為欽差大臣，
全權處理日本出兵臺灣事件。
日軍龜山基地總醫院
都督，「臺灣病」
的患者越來越多，
小倉平八郎
不到一個月時間，
已經數百人染疫。

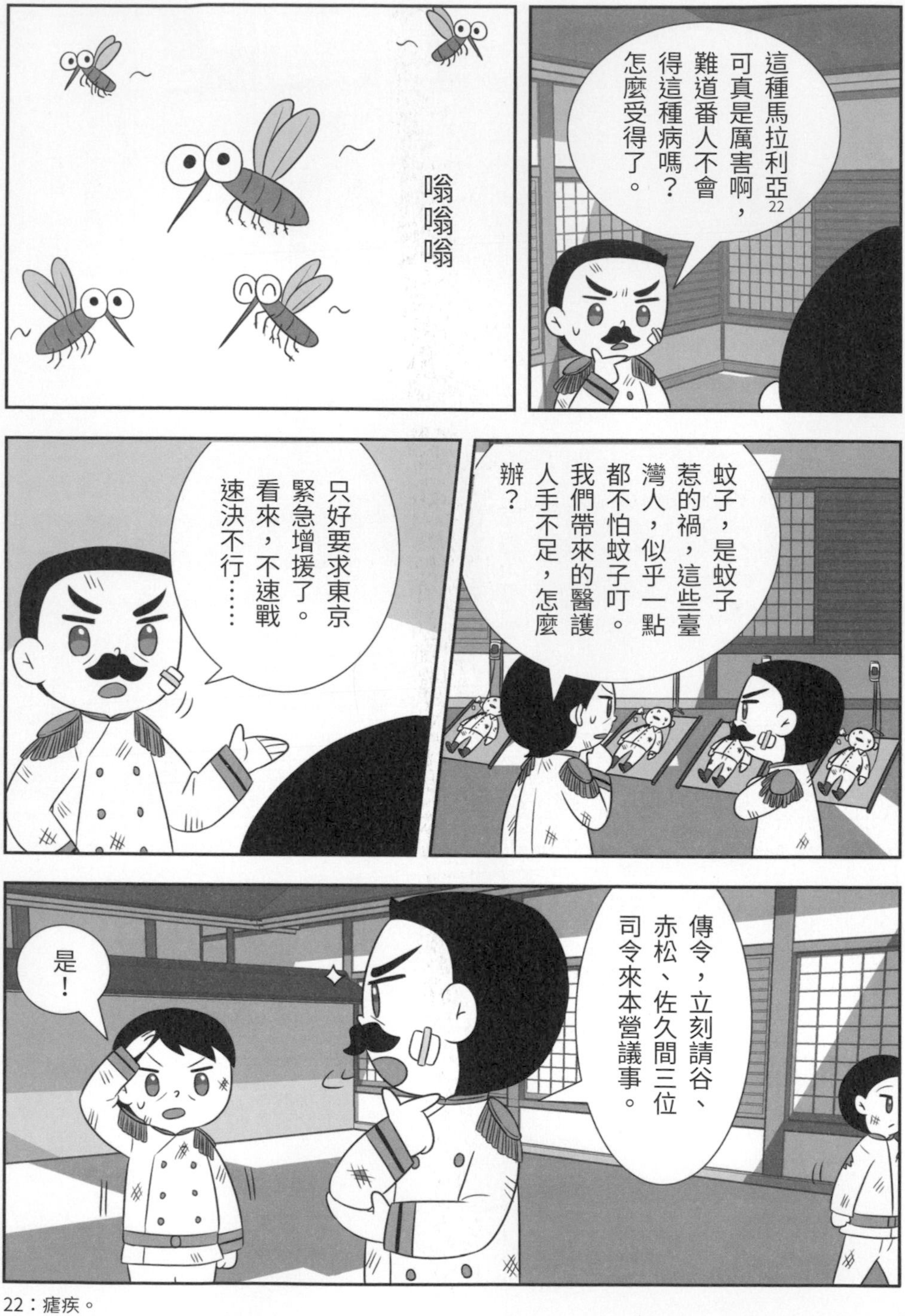
這種馬拉利亞[22]可真是厲害啊，難道番人不會得這種病嗎？怎麼受得了。
嗡嗡嗡
蚊子，是蚊子惹的禍，這些臺灣人，似乎一點都不怕蚊子叮。我們帶來的醫護人手不足，怎麼辦？
只好要求東京緊急增援了。看來，不速戰速決不行……
傳令，立刻請谷、赤松、佐久間三位司令來本營議事。
是！

22：瘧疾。

谷，你領北路軍，左路進擊女乃社，
佐久間，你領中路軍，直攻牡丹社。
赤松，你領南路軍，右路進擊高士佛社。
三天以內要打下來！
嗨！遵命！
女乃社
水野遵
啊！
砰！

殺！
水野，要振作啊！攻擊！給我攻擊！
殺！
司令，這裡有兩位女性！
vuvu

停！
我們不殺女性！這個老太婆沒有用，把那個年輕的女人送回本營，交給小倉組！
抱歉啊，長官……我先回去。
沒關係，你先回去。等女乃社掃蕩完畢，明天我放火燒了，馬上就回去繳令。

報告！啥都沒有！
就剩下些牲口！
怎麼一個人也沒有？可惡啊，我的首功[23]呢！
我們要繼續搜索嗎？
燒了！全部放火燒了，退回本營！

23：日本傳統砍人頭計軍功。

南路赤松軍 高士佛社
砰！
砰！
砰！
啊！
砰！
砰！
砰！
退！
砰！
赤松則良
小心！這裡地形對我們不利，撤退，快退回溪谷！

日本龜山大本營
傷腦筋，大家都完成任務了，就我戰功最少……
沒關係的，高士佛社的人強悍，不宜硬攻，以免折損寶貴的兵力。
我再想辦法從他們的內部破壞！
人家都說薩摩隼人「木直」（質樸剛強），但是都督您卻是詭計多端……
瞪
不不不，是智勇雙全啊！

你抓回來的那個少女呢？
送交給小倉組保護，以免……
軍紀要注意啊！
啊！是！

漢人通譯
小倉平八郎
穿上和服看起來不錯嘛！
妳叫什麼名字？
雅……雅坦……
雅坦啊……妳在廚房做工，叫妳okate（廚房）好了。
好好工作，不准亂跑，聽見了嗎？
嗯！

第十章
離別

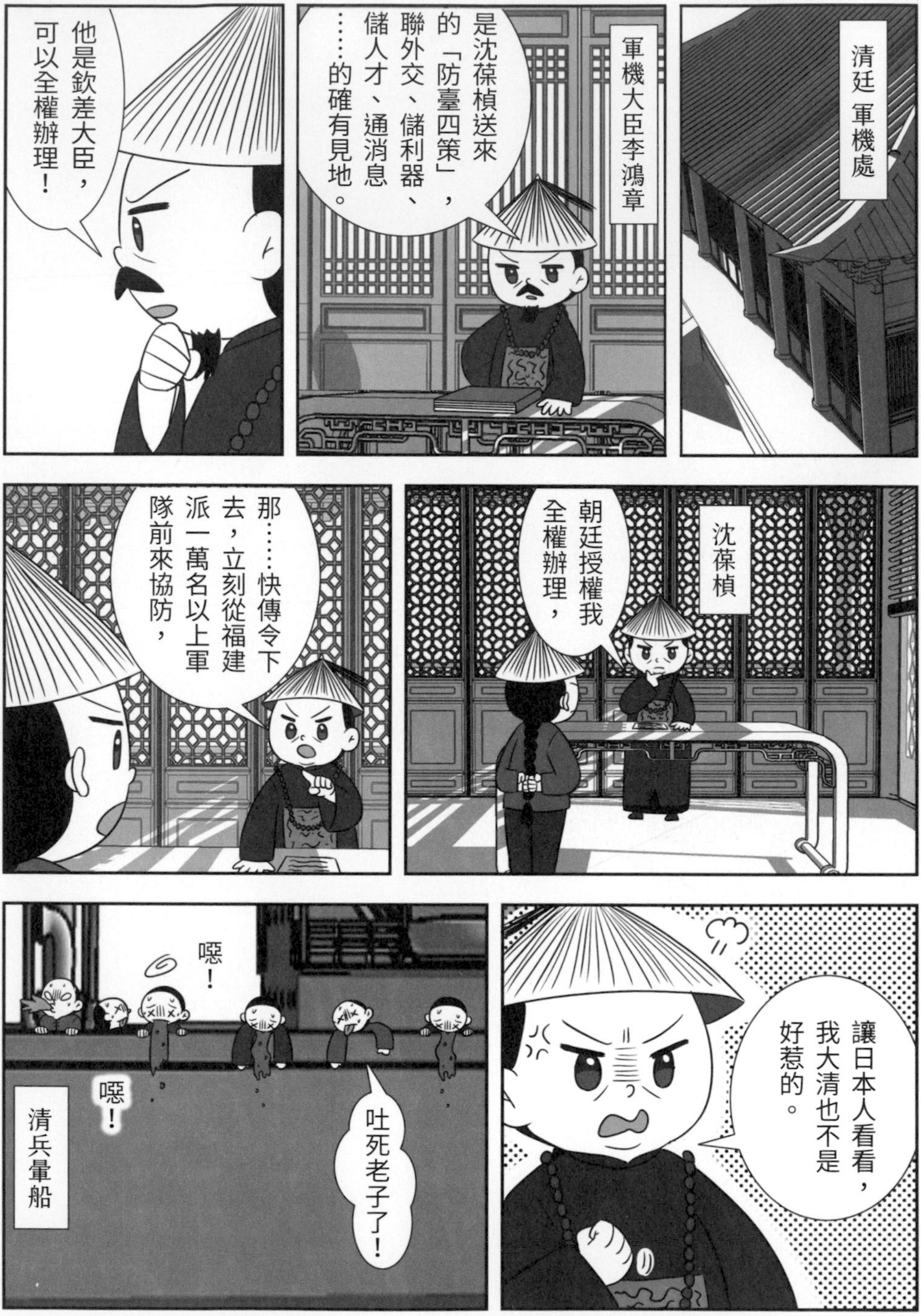
清廷 軍機處
軍機大臣李鴻章
是沈葆楨送來的「防臺四策」，聯外交、儲利器、儲人才、通消息……的確有見地。
他是欽差大臣，可以全權辦理！
沈葆楨
朝廷授權我全權辦理，
那……快傳令下去，立刻從福建派一萬名以上軍隊前來協防，
讓日本人看看，我大清也不是好惹的。
清兵暈船
嘔！
嘔！
吐死老子了！

任務完成了嗎？
半個多月來，我們終於將四重溪谷兩旁的牡丹諸社都掃蕩了一遍。
唔……戰爭沒有真正的贏家，兩方都損失慘重，接下來就看臺灣人想不想要講和了，看那個文杰能怎麼協調……
拜託拜託！
文杰在各社間穿梭協調……

審定註3：在武力對抗逐漸和緩，瑯嶠十八社大頭目文杰和其他部落有力人士，傳達日軍希望與牡丹社及高士佛社原住民進行會談，解除敵對狀態，以避免雙方產生更大的傷害。原住民頭目為了族人及整個部落的生存，接受調停人的意見，同意停止攻擊行動，換取和平協議。

拜託。
拜託。
拜託。
終於促成諸社與日軍訂盟，恢復和平。
促成諸社頭目與西鄉大將合照的歷史照片。（漫畫為示意圖）

日方派出李仙得出使清國
日方要求賠軍費兩百二十萬元。
李鴻章
什麼！慈禧太后做生日都花不了那麼多錢！
你是在開玩笑嗎？
如果不賠錢，
西鄉大將那邊，我可不好交代啊！

這……真的太多了，不能打個折嗎？
對嘛，首相大人，這就像做生意，你折一點，我讓一點……才能做得下去嘛。
!?
老狐狸！
呵呵
經過一番磋商，清日終於達成「日本應暫停在臺軍事行動」結論，
雙方簽訂《臺灣事件專約》
臺灣事件專約

承認日本派兵是義舉；
賠償日本五十萬兩，約束原住民永保航客；
清日合建「大日本琉球藩民五十四名墓」。
嗚哇
島袋龜來臺祭祀。
拜
十二月二日西鄉從道搭旗艦高砂丸離臺。

日軍拔營準備回國。
動作快！
小倉平八郎
雅坦
分別的時刻終於到了，okate。
留下來，還是跟我走？
不要！
我才不要跟你走，我要回部落！

我也不是會勉強女人的男人，就放妳回家吧！
我會記得妳的，
……
日軍統計四千三百九十二人參戰，病死五百六十一人，
多數死於護國神蚊。
日清點交，士兵全撤離。
vaudj的okate……

審定註4：雅坦後來有被擄到日本，但沒過多久經過斡旋就回到部落。

第十一章
後事

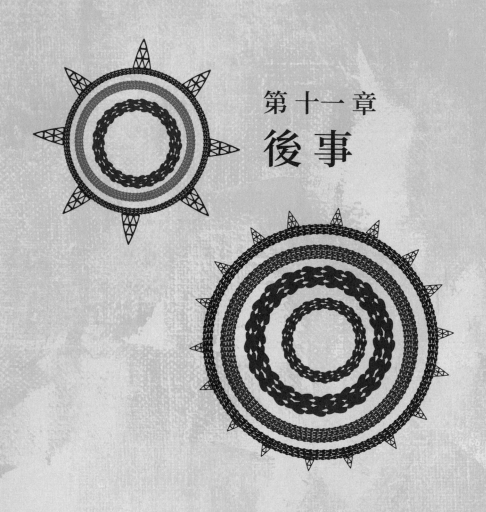

文杰成為瑯嶠十八番社
的大頭目。一八九七年
獲「勳六等瑞寶章」為
當時番社十五萬人中的
唯一受獎者。
高砂丸號
他繼承養父卓杞篤的衣缽，
斡旋於清日美等各大強權，
保全族人，算臺灣國際談
判史上第一位英雄。

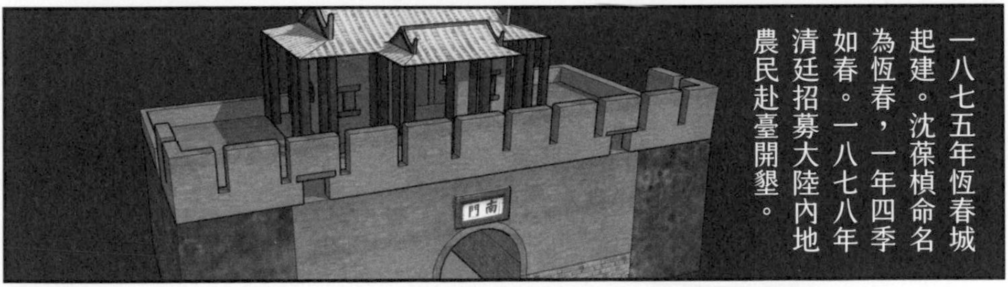
一八七五年恆春城
起建。沈葆楨命名
為恆春，一年四季
如春。一八七八年
清廷招募大陸內地
農民赴臺開墾。
南門

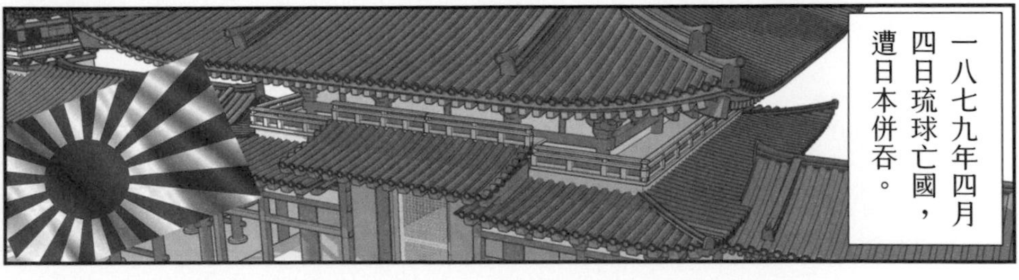
一八七九年四月
四日琉球亡國，
遭日本併吞。

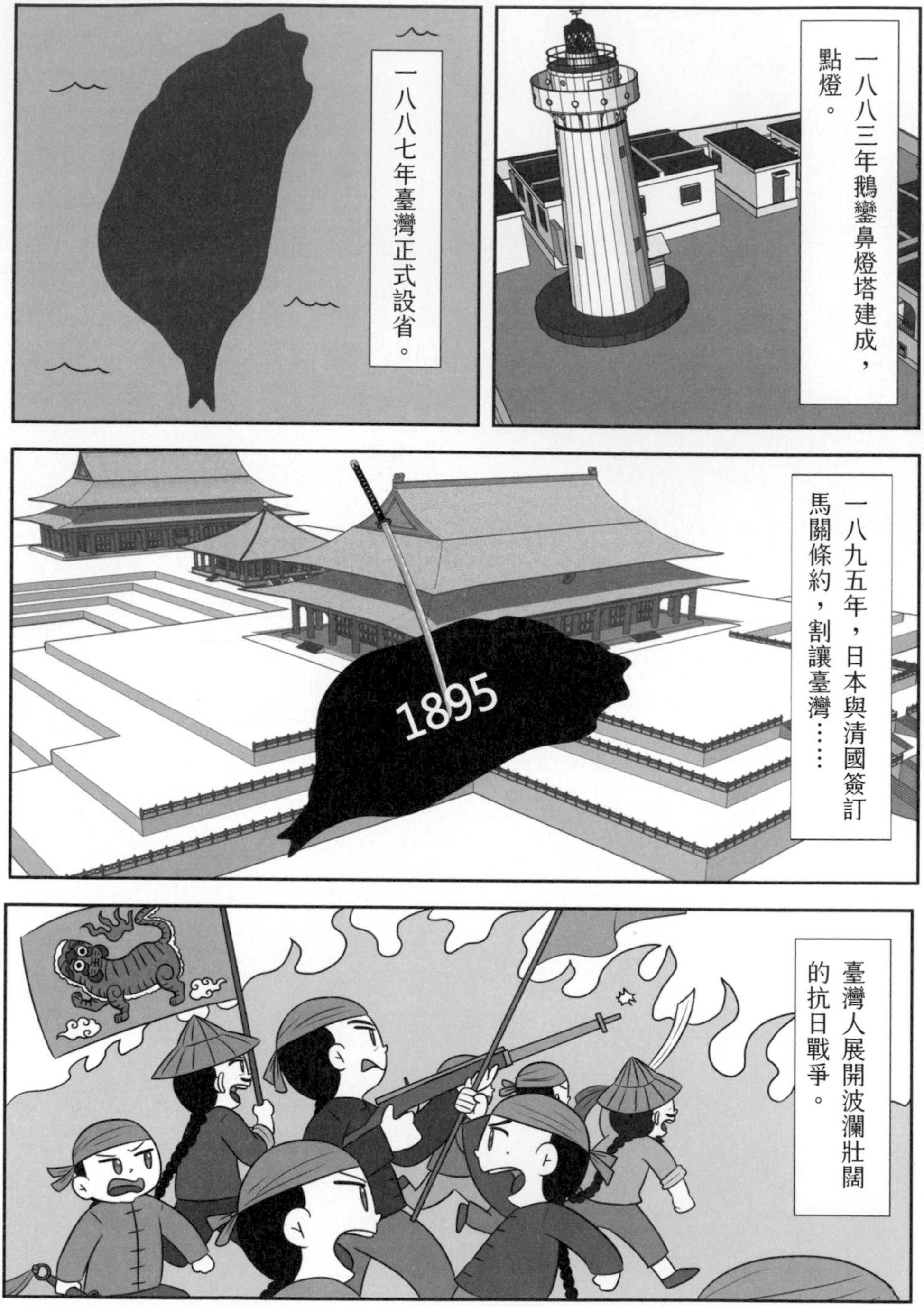
一八八三年鵝鑾鼻燈塔建成，點燈。
一八八七年臺灣正式設省。
一八九五年，日本與清國簽訂馬關條約，割讓臺灣……
1895
臺灣人展開波瀾壯闊的抗日戰爭。

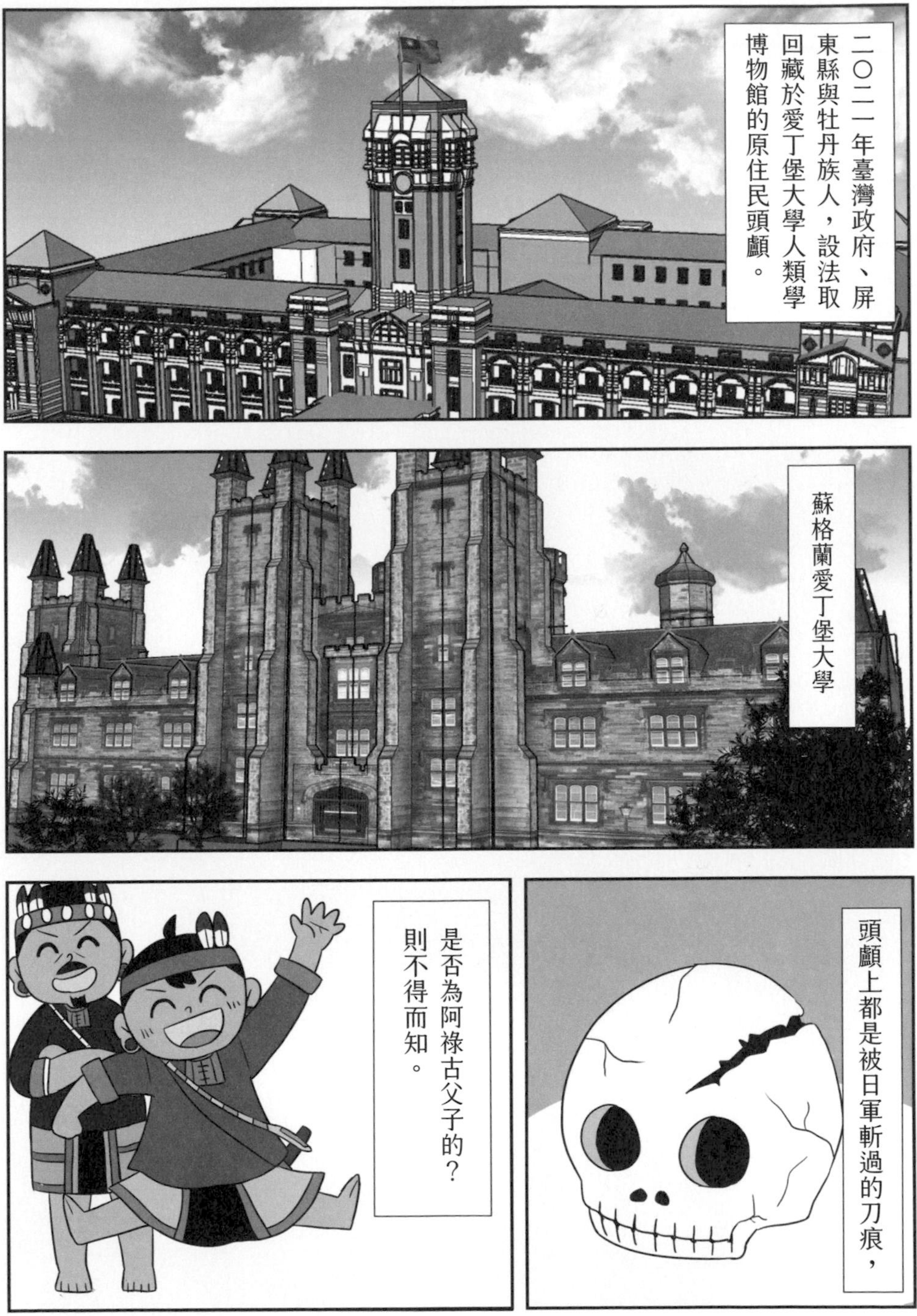
二〇二一年臺灣政府、屏東縣與牡丹族人，設法取回藏於愛丁堡大學人類學博物館的原住民頭顱。
蘇格蘭愛丁堡大學
頭顱上都是被日軍斬過的刀痕，
是否為阿祿古父子的？則不得而知。

如今的牡丹社一帶，盛開著野牡丹……
完

附錄

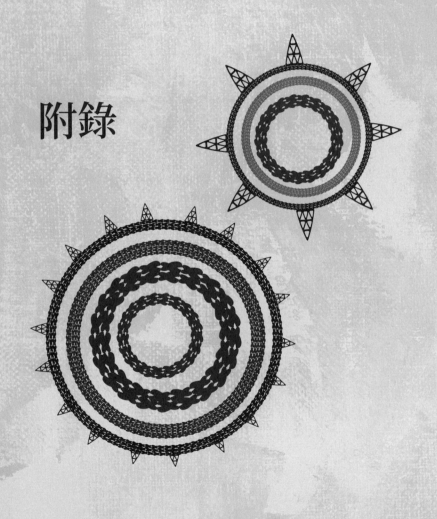

1874 年 日本侵臺

4月 日本政府以殺害琉球人為理由，任命「大隈重信」為臺灣番地事務局長官，陸軍中將「西鄉從道」為都督，準備遠征臺灣。

5月 8日 日軍在柴城社寮灣（今車城射寮灣）登陸。

22日 日軍於石門古戰場與防守石門要路的原住民交戰，戰況非常激烈，牡丹社頭目阿祿古父子都壯烈戰死。最後日軍搶到制高點，占得優勢，排灣族因人數較少、裝備較差，被迫撤退。

6月 1日 日軍發動總攻擊，三路圍攻牡丹社、高士佛社等，原住民撤入山中，日軍放火焚燒村落。

10月 31日 清日簽訂《臺灣事件專約》（北京專約），事件落幕。

牡丹社事件結合了「琉球漂民事件」，以及「日本侵臺」此兩起事件。

後續發展

1875 年 牡丹社事件之後，清廷發現臺灣的重要，因而任命沈葆楨將瑯嶠一帶命名為「恆春」，起建恆春城。

1879 年 9月1日 恆春城竣工。代表臺灣全境皆納入清廷掌握。番地無主的說法，到此結束。

1883 年 鵝鑾鼻燈塔建成，點燈。

1887 年 臺灣正式設省。

年表

1867 年 羅妹號事件

3 月 美國商船羅妹號遭遇船難，漂流到屏東外海，落難的船員們因誤闖排灣族領土（瑯嶠十八社），包括船長約瑟．杭特等 13 人，遭原住民出草喪生。

6 月 美軍派兩艘軍艦遠征屏東，不過在登陸的時候，帶隊的軍官麥肯齊少校被原住民襲擊身亡，美軍只好暫時撤退，但他們表明不會放棄！

9 月 美國下令，駐廈門領事李仙得在臺灣總兵劉明燈的協助下，抵達柴城與原住民直接交涉。

10月 10 日 李仙得與十八社總頭目——豬勞束社的卓杞篤口頭立下合約，日後船難者可以舉紅旗求援，看到紅旗，原住民就知道他們是船難者，不會傷害，且會給予幫助。俗稱「南岬之盟」。

1871 年 琉球漂民事件

11月 琉球宮古島的納貢船遭遇颱風，漂流至臺灣東南部八瑤灣。66 位琉球漂民被高士佛社的原住民收留，但因文化、語言不通產生誤會，琉球人決定自行離開部落。

當琉球人跑到 ljakungatj（雙溪口）遇到漢族商人鄧天保遂請求協助，高士佛社人隨後趕到要求琉球人說明前來之意圖，然因雙方言語無法溝通，彼此互不信任並感受到敵意，以致於產生了爭執對抗，混亂衝突中，54 名琉球人遭殺害。

12月 倖存 12 名琉球人，在保力庄人楊友旺居中協調下，由楊友旺之子、姪護送，12 月 20 日經陸路抵達鳳山縣府，29 日抵達臺灣府（臺南）。最後搭官船離開臺灣，翌年 6 月經福州返回琉球那霸。

地圖

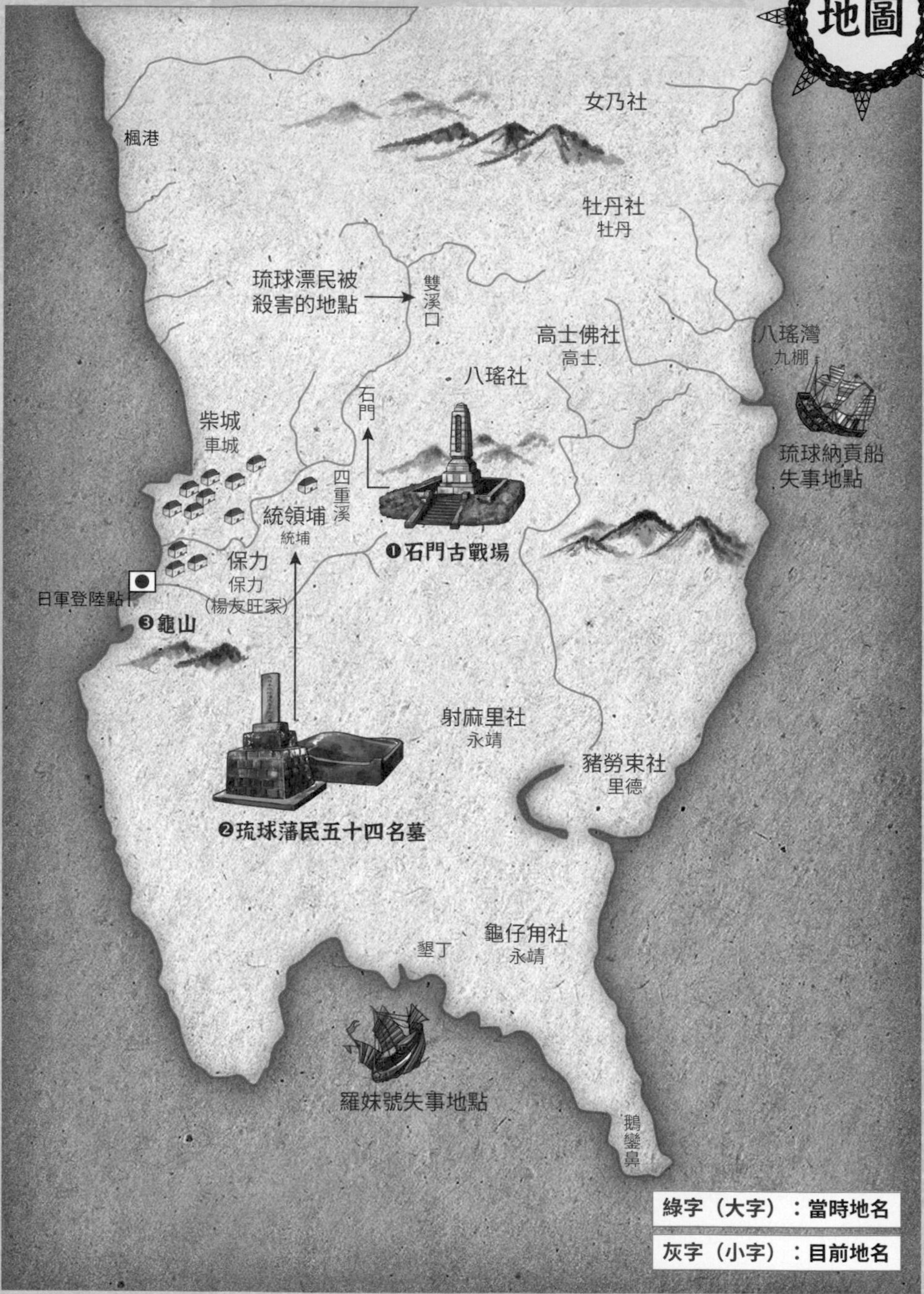
女乃社
楓港
牡丹社
牡丹
琉球漂民被
殺害的地點
雙溪口
高士佛社
高士
八瑤灣
九棚
八瑤社
石門
柴城
車城
琉球納貢船
失事地點
四重溪
統領埔
統埔
❶石門古戰場
保力
保力
(楊友旺家)
日軍登陸點
❸龜山
射麻里社
永靖
豬勞束社
里德
❷琉球藩民五十四名墓
龜仔甪社
永靖
墾丁
羅妹號失事地點
鵝鑾鼻
綠字（大字）：當時地名
灰字（小字）：目前地名

史蹟

❶ 石門古戰場

石門山
照片來源：屏東縣政府

位於屏東縣牡丹鄉與車城鄉的交界點，五重溪山與石門山對峙的山谷中。牡丹社事件，原住民為了阻止日軍沿著四重溪進入部落，防守石門要路，雙方於此地發生激戰。1936 年日治時代，日本政府為紀念「西鄉從道」征臺的功勞，在石門古戰場前方的小山丘上設立「西鄉都督遺跡紀念碑」。

石門古戰場步道入口處
照片來源：屏東縣政府

西鄉都督遺跡紀念碑

紀念碑碑文原題字西鄉都督紀念碑，1953 後碑文被撤換為「澄清海宇 還我河山」，2016 年碑文被拆除，呈有碑無文，2020 年修復成原先的「西鄉都督遺跡紀念碑」。照片為 1953 年「澄清海宇 還我河山」的版本。

照片來源：高加馨老師

❷ 琉球藩民五十四名墓

1871 年琉球漂民事件衝突當下，54 名遭殺害的琉球人遺體，被合葬於雙溪口，1874 年日人將墓遷建於車城鄉統埔村，並從廈門購買花崗岩立墓碑，墓碑正面書寫著「大日本琉球藩民五十四名墓」，背面有日軍將領西鄉從道親書的碑銘。

琉球藩民五十四名墓

照片來源：屏東縣政府

磚碑上記載立墓者：林阿九、楊友旺、張眉婆，以及負責祭拜的林椪獅等人的姓名。

照片來源：屏東縣政府

明治七年討蕃軍本營地紀念碑

紀念碑位於龜山下，海山館園區內。

照片來源：高加馨老師

❸ 龜山

龜山位於保力溪的出海口旁，它是一座珊瑚礁岩，之後經海流侵蝕形成一座小山。從山頂上俯瞰可以望見整片射寮海灘，這裡是牡丹社事件日軍登陸地點。

龜山山頂可俯瞰四重溪與保力溪出海口。

照片來源：高加馨老師

FUN系列 87

暴風、葛藤、隼

牡丹社事件

編　劇—施百俊
漫　畫—張重金
審　定—高加馨
主　編—陳信宏
責任編輯—王瓊苹
責任企畫—吳美瑤
美術設計—FE設計
地圖繪製—黎宇珠
內頁排版—洪伊珊
編輯總監—蘇清霖
董 事 長—趙政岷
出 版 者—時報文化出版企業股份有限公司
一〇八〇一九臺北市和平西路三段二四〇號三樓
發行專線—（〇二）二三〇六六八四二
讀者服務專線—（〇八〇〇）二三一七〇五・
（〇二）二三〇四七一〇三
讀者服務傳真—（〇二）二三〇四六八五八
郵撥—一九三四四七二四　時報文化出版公司
信箱—一〇八九九臺北華江橋郵局第九九信箱
時報悅讀網—http://www.readingtimes.com.tw
電子郵件信箱—newlife@readingtimes.com.tw
時報出版愛讀者粉絲團—http://www.facebook.com/readingtimes.2
法律顧問—理律法律事務所 陳長文律師、李念祖律師
印　刷—華展印刷有限公司
初版一刷—二〇二二年四月八日
定　價—新臺幣三〇〇元
版權所有 翻印必究（缺頁或破損的書，請寄回更換）
時報文化出版公司成立於一九七五年，並於一九九九年股票上櫃公開發行，於二〇〇八年脫離中時集團非屬旺中，以「尊重智慧與創意的文化事業」為信念。

出版機關—屏東縣政府
屏東市自由路五二七號
www.pthg.gov.tw
編印單位—屏東縣政府文化處
編印單位地址—屏東市大連路六十九號
編印單位電話—（〇八）七三六〇三三〇
編　　者—屏東縣政府
發 行 人—潘孟安
主　　編—吳明榮
執行編輯—李昀芳、張闢評、戴秀珊
展 售 處—全臺五南文化廣場 www.wunanbooks.com.tw
國家書店 www.govbooks.com.tw
版權所有 翻印必究
GPN：1011100379
ISBN：978-626-335-148-6
著作權利管理資訊
著作財產權：屏東縣政府
本書保留所有權利，欲利用本書全部或部分內容者，需徵求著作財產權人同意或書面授權。請洽屏東縣政府文化處：08-7360330#515
暴風、葛藤、隼：牡丹社事件 / 施百俊編劇；張重金漫畫. -- 初版. -- 臺北市：時報文化出版企業股份有限公司；屏東市：屏東縣政府, 2022.04
面；　公分. -- (Fun 系列；87)
ISBN 978-626-335-148-6(平裝)

1.CST: 牡丹社事件 2.CST: 漫畫

733.2768

Printed in Taiwan